AF230365

LA NOUVELLE ÉGLISE CHRÉTIENNE

AU JAPON

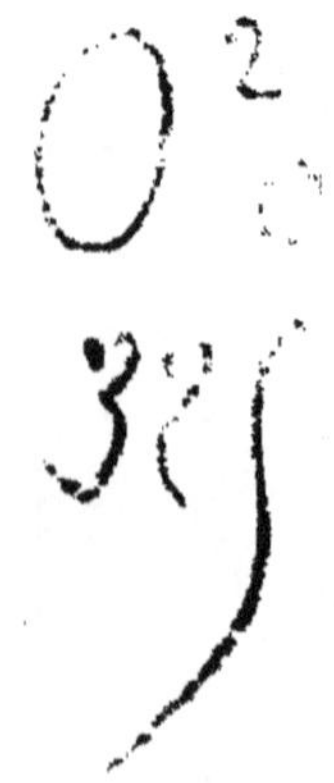

LA
NOUVELLE ÉGLISE
CHRÉTIENNE
AU
JAPON

PARIS

ERNEST LEROUX, LIBRAIRE-ÉDITEUR

28, RUE BONAPARTE, 28

—

1892

I

LA
NOUVELLE ÉGLISE CHRÉTIENNE
AU JAPON

Le *New Church Pacific*, journal publié à San-Francisco, donne les nouvelles suivantes, qui sont reproduites par le *New Church Messenger*, de New-York, dans son n° du 25 février 1891.

Il existe au Japon, dans la ville de Tokio, une famille influente du nom de Takimi. M^r. Y. Takimi occupe dans le gouvernement impérial une situation semblable à celle que possède un ministre d'État à Washington. Y. Takimi et sa femme se sont convertis au christianisme il y a environ vingt-cinq ans. Il y avait à cette époque un tel préjugé contre les chrétiens, en raison de l'abus qu'ils avaient fait de privilèges accordés depuis très longtemps, que c'était une chose sérieuse d'embrasser une croyance aussi impopulaire et un danger pour la vie de ceux qui recevaient le baptême. Néanmoins ils bravèrent les préjugés de la multitude; ils furent baptisés par un Missionnaire et reçus dans l'Église méthodiste.

Mme Takimi, douée d'une nature particulièrement religieuse, se mit à étudier très sérieusement la Bible. Son esprit ne tarda pas à protester contre quelques-uns des dogmes de l'Église, et en particulier contre celui qui déclare qu'il y a trois personnes dans l'Être divin. Sans faire de tapage à ce sujet, elle exprima avec insistance dans sa famille l'opinion que cet enseignement des Missionnaires ne pouvait pas être le christianisme pur et sans mélange. Elle ne pouvait trouver ces dogmes dans sa Bible, et sans être capable de formuler un exposé de la vérité chrétienne qui lui donnât satisfaction, elle était au moins certaine que d'une manière ou d'une autre les Missionnaires se trompaient.

Remplie de cette conviction, elle envoya son fils aîné en Amérique aussitôt qu'il fut arrivé à l'âge de raison, pour lui faire donner une éducation occidentale, et principalement pour qu'il pût se rendre compte des enseignements des diverses sectes et découvrir où l'on rencontrait la *Vraie* religion chrétienne. Ce fils, après avoir étudié à Harward et fait un tour en Europe, revint dans son pays et annonça à sa mère qu'il ne pouvait pas découvrir de différence entre l'enseignement des diverses sectes et celui des Missionnaires. Malgré cela, guidée par le témoignage intime de son cœur, elle resta persuadée que l'enseignement des Missionnaires n'était pas la *Vraie* religion chrétienne, et que ce qu'elle cherchait devait exister et se rencontrer quelque part dans le monde chrétien. Son second fils s'embarqua à son tour et alla suivre les cours de Yale. Il s'informa avec attention des doctrines des diverses Églises pour y chercher un enseignement supérieur et préférable à celui des Missionnaires. Il fit aussi son tour d'Europe en vue d'étudier surtout les formes diverses de la pensée religieuse. Mais il eut le regret de devoir annoncer que, sauf les différences qui séparent entre elles les sectes Catholiques et Protestantes, il n'avait rien pu trouver qui différât sérieusement du corps de doctrine enseigné par les Missionnaires.

Quand son plus jeune fils, Kay Takimi, approcha de l'âge de raison, il fut saisi du désir de visiter aussi les pays de l'Occident. Sa mère hésita d'abord à donner son consentement. Une grande partie de leur fortune, qui se composait de terres et de maisons à Tokio, avait été détruite par un tremblement de terre et par un incendie. Elle consentit à la fin au départ de son fils, sur la promesse solennelle qu'il lui fit de poursuivre sans interruption, comme but de tous ses efforts et de toutes ses pensées, la recherche de la vraie religion chrétienne. Arrivé à San-Francisco, il demeura longtemps dans un hôtel et il consacra ses loisirs à l'étude de la langue et des usages du pays, tout en cultivant la connaissance de personnes appartenant à diverses dénominations. Mais il dut aussi écrire à sa mère qu'il n'avait rien trouvé qui différât dans les points essentiels de l'enseignement des Missionnaires. La mère lui répondit que les hôtels n'étaient peut-être pas les endroits les plus favorables pour établir des relations avec la meilleure société chrétienne et elle l'engagea à chercher quelque bonne famille chrétienne qui pût le recevoir temporairement.

En général, un sot orgueil n'arrête pas un Japonais. Les membres de familles très respectables du Japon viennent très souvent s'engager ici comme domestiques dans des familles ou comme ouvriers dans des fermes, en même temps qu'ils étudient notre langue, nos usages, notre manière de travailler, notre civilisation. Une personne appartenant à la Première Société de la Nouvelle Jérusalem, à San-Francisco, avait demandé un domestique Japonais par la voie des journaux. Un ami de Kay Takimi avait répondu à l'appel, mais, pour quelque motif il n'avait pas accepté la place. Kay lui ayant montré la lettre de sa mère, il l'engagea beaucoup à profiter de l'occasion. Kay se présenta. Il dit qu'il n'avait jamais été en service de sa vie, mais qu'il tâcherait de faire de son mieux. On convint des conditions et il fut admis dans la maison. Quelques jours après, la famille s'étant absentée pour la journée, Kay resta seul pour balayer les appartements. A peine avait-il commencé son ouvrage que ses yeux s'arrêtèrent sur le titre d'un gros volume placé sur la table qui portait : « *La vraie Religion chrétienne,* » Swedenborg. Surpris par ce titre, il s'écria : « Mais voici ce que nous avons cherché depuis des années. » Il ouvrit le livre et il en commença la lecture à dix heures du matin. Elle l'absorba tellement qu'il ne s'aperçut qu'à quatre heures et demie du temps qu'il y avait passé. Cette nuit-là il tomba à genoux et remercia le Seigneur de l'avoir si providentiellement conduit à cette vérité tant désirée. Il se mit immédiatement à traduire le premier chapitre en japonais et il l'envoya à sa mère. Depuis cette époque, il a lu deux fois l'ouvrage, puis « *le Ciel et l'Enfer,* » les deux volumes de « *l'Apocalypse révélée,* » « *le Divin Amour et la Divine Sagesse,* » « *la Divine Providence,* » et maintenant il est en train de lire « *les Quatre principales Doctrines.* »

Dès que les Takimis eurent reçu le premier envoi, ils s'empressèrent de se rendre à la maison de leur meilleur ami, M. Case, — dont le nom est japonais, quoiqu'il ait une apparence anglaise, — et bien qu'il fût alors dix heures du soir, ces trois amis, Y. Takimi, sa femme et Case, passèrent le reste de la nuit à lire la lettre et à discourir sur cette grande découverte pour laquelle ils avaient si longtemps soupiré, si longtemps attendu, celle de la *vraie* religion chrétienne ! Ce chapitre donnait l'explication de la Trinité : c'était pour eux comme si Dieu lui-même eût parlé ! A partir de ce jour, la maison de Takimi fut remplie d'une joie sanctifiante. Des réunions y eurent lieu régulièrement. Toutes les six semaines arrivait le paquebot de San-Francisco, qui apportait un chapitre de la « *Vraie Religion chrétienne,* » accompagné quelquefois d'un chapitre « *du Ciel et de l'Enfer* » ou d'une « *Relation mémorable,* » le tout traduit en japonais. Beaucoup de personnes y prirent un profond intérêt, et une société nombreuse se forma pour étudier les œuvres de Swedenborg. Une jeune dame qui suivait l'École supérieure de Tokio a déclaré à son père qu'elle embrassait la vraie religion. Mise en demeure de se rétracter ou d'avoir à quitter la maison paternelle, elle a positivement refusé de renoncer à ce que son cœur lui disait être la vérité, et abandonnée par sa famille, elle a été recueillie dans celle des Takimis.

Mme Takimi a senti qu'elle n'avait pas le droit de tenir enfermées des vérités que le Seigneur lui avait fait connaitre si providentiellement. Elle s'est mise à les prêcher publiquement dans un jardin-restaurant, à Tokio, et elle est parvenue à inspirer le désir d'étudier à un grand nombre de ses auditeurs. Elle s'est ensuite ·rendue dans d'autres parties de l'empire, où elle a réussi à éveiller beaucoup d'intérêt. Elle a établi à Nagako une société qui comprend cinquante membres, une autre à Niegato avec cinquante et un membres. On ne donne pas le nombre des membres de la société de Tokio. Ces sociétés prennent le nom de Tokueku Cuyi (prononcez To-kou-e-kou Kou·wi) qui signifie « La Société de l'Amour et de la Sagesse. »

Y. Takimi est tout aussi enthousiaste que sa femme. Lorsqu'elle est partie pour son voyage, il lui a dit qu'obligé de rester à la maison, il voulait contribuer à la propagation de la vraie religion en publiant un Journal. Il croyait avoir besoin pour cela de deux mille dollars. Mais le tremblement de terre et l'incendie ayant ravagé ses propriétés, il ne pouvait prendre toute la dépense à sa charge. Son ami Case, qu'il consulta, donna le conseil de demander les fonds nécessaires à un ami politique de Takimi. C'est ce qu'ils firent ensemble. Ils lui exposèrent l'affaire et lui dirent que chacun d'eux donnerait volontiers cinq cents dollars, mais qu'il leur fallait arriver à deux mille. Il répondit que si son ami Takimi croyait avoir trouvé la vérité il risquerait volontiers mille dollars pour lui venir en aide. Le premier numéro fut tiré à cent cinquante exemplaires. Chaque numéro contenait une partie des traductions de Kay Takimi. La demande a suivi une progression constante et le succès a été tel qu'il a fallu porter à 1,500 le dernier tirage. Le titre du Journal est « *Hooko,* » et ce nom signifie « *La Vraie Religion.* » Il parait tous les trois mois. On n'a pas mis dans le titre « *Chrétienne* » parce que la propagando se fait exclusivement parmi les gens du pays chez lesquels le Christianisme est en si mauvais renom que ce mot en aurait éloigné un grand nombre.

———

LA NOUVELLE ÉGLISE CHRÉTIENNE AU JAPON.

pagando se fait exclusivement parmi les gens du pays chez lesquels le Christianisme est en si

II

LE CHAMP OUVERT AU JAPON

———

Pour faire suite à la très intéressante histoire de la famille Takimi, de Tokio, et du zèle qu'elle manifeste pour les doctrines de la Nouvelle Église, un savant Japonais, chrétien et élève de l'École de Théologie de Harvard, a publié un article dans le numéro de février de la *Revue Unitairienne*. L'auteur, M. Nobuta Kishimoto, fait connaitre l'état actuel de la pensée et du sentiment religieux au Japon, la préparation de ce pays et même les vœux qu'il forme pour avoir une religion nouvelle, les qualités que doit posséder cette foi qu'on attend pour répondre aux besoins des Japonais et ses prévisions sur le genre de Christianisme qui pourra fonder au Japon un établissement durable.

Au point de vue religieux, le pays est dévasté. Depuis longtemps le Shintoism et les religions de Confucius et de Bouddha, ces débris du paganisme, sont tombés dans le discrédit.

Les anciens dieux succombent sous les coups de la science et de la philosophie ; le peuple ne peut plus les adorer. Mais il ne peut vivre non plus sans culte et il désire apprendre quelque chose de plus et de mieux sur « l'Être qui voit tout » et qu'il a pendant longtemps « adoré sans le connaître. » Pour répondre à ce besoin il lui faut une religion nouvelle.

M. Kishimoto ne s'arrête pas à l'insuffisance du paganisme actuel, mais il proclame l'urgente nécessité d'un enseignement positif. Il dit :

N'y a-t-il pas dans le monde quelque religion positive, supérieure sous ce rapport aux systèmes que notre nation possède déjà ? Il y en a une au moins qui est non seulement supérieure à tous les autres systèmes du monde, mais aussi parfaite à ce point de vue. Dans ce sens on peut l'appeler proprement la révélation divine, et ce système c'est le Christianisme.

Il pose en principe que pour être acceptée au Japon une religion doit posséder cinq caractères essentiels. Les deux premiers sont extérieurs. La future religion du Japon doit être raisonnable avant tout. Elle doit être en accord avec la science et la vraie philosophie. En second lieu elle doit s'adapter aux diverses classes du peuple et à leurs divers états religieux. Les trois autres caractères doivent être intérieurs. Il faut, en troisième lieu, à toute religion, pour qu'elle se maintienne au Japon, *un objet de culte digne d'être adoré*, quatrièmement un système supérieur de morale et cinquièmement *une puissance efficace pour délivrer les hommes de l'esclavage et de la misère du péché.*

Tout cela présente un grand intérêt à notre point de vue, parce que les doctrines de la Nouvelle Église possèdent à un degré éminent trois des qualités essentielles qu'on réclame pour la foi chrétienne, et principalement la troisième et la cinquième que nous avons imprimées en lettres italiques. Ce sont là des conditions auxquelles les doctrines de la Nouvelle Église sont particulièrement en mesure de satisfaire. Cela ne peut faire de doute pour aucun de ses membres, et nous avons encore une confirmation frappante, je dirai même surprenante, de cette adaptation de nos doctrines aux besoins religieux que les Japonais éprouvent en ce moment dans la remarquable expérience que la famille Takimi nous présente.

En résumant l'article analysé ici, le *Churchman*, journal auquel nous empruntons ce qui précède, ajoute :

M. Kishimoto est convaincu que le Christianisme sera certainement un jour la religion du Japon ; que s'il en est ainsi, ce doit être et ce sera un véritable Christianisme et non pas un pur système de philosophie éclectique, se réclamant du nom et de l'autorité de Christ ; et qu'enfin ce ne sera aucun système portant une dénomination exotique. Quand je dis « la religion du Christ, » ajoute-t-il, je ne veux parler d'aucune Église en particulier. J'entends le Christianisme dans son essence, le Christianisme dépouillé de tous ses éléments impurs et superflus, le Christianisme réduit à ses termes les plus simples qui doivent être communs à toutes les Églises et à toutes les dénominations qui prennent le nom de Chrétiennes. C'est dans ces éléments essentiels que réside la vie du Christianisme ; ils en sont le résumé. S'il peut réaliser les cinq caractères essentiels mentionnés plus haut, le Christianisme pourra et devra survivre, quels que soient les éléments secondaires, vrais ou faux, acceptés ou contestés, qu'il renferme.

C'est bien là demander un nouveau Christianisme

et pas autre chose. Pendant les dix-huit premiers siècles de l'ère chrétienne, le Seigneur a gardé ces brebis qui lui appartiennent dans un bercail isolé de l'influence chrétienne. Maintenant que se réalise son second avènement, à une époque marquée par les progrès les plus merveilleux qui aient jamais été accomplis, ce peuple adopte une civilisation nouvelle et demande en même temps une nouvelle religion. Il la demande avec intelligence ; il sait ce dont il a besoin. Pouvons-nous mettre en doute que le Seigneur ne l'ait tenu en réserve pour l'époque actuelle et qu'Il ne lui inspire maintenant le désir de posséder les vérités bénies de la Nouvelle Jérusalem ?

La Nouvelle Église ne s'est pas sentie appelée jusqu'ici à s'occuper de missions étrangères en pays païens. Le champ de nos missions a été dans les pays chrétiens. Mais ne devons-nous pas considérer cette réceptivité exceptionnelle dont témoignent aujourd'hui l'état religieux et les agissements des Japonais comme un appel à pénétrer dans leur pays pour y faire connaître les doctrines célestes?

Nous recommandons cette question à l'attention du Comité des Missions intérieures et étrangères de notre Convention.

(Extrait du *New Church Messenger*, de New-York, n° du 11 mars 1891.)

III

LA NOUVELLE ÉGLISE AU JAPON

Lettre adressée à l'éditeur du *Messenger*.

———

L'extrait fort intéressant tiré du *New Church Pacific*, que vous avez publié récemment sous le titre ci-dessus, me rappelle un agréable incident qui s'est produit à Boston, il y a quelques années. C'était pendant la visite d'une ambassade japonaise, venue pour recueillir des renseignements sur la conduite des affaires municipales dans notre pays. David-L. Webster, qui faisait alors partie du conseil des Aldermen, présidait le comité chargé de la recevoir et de lui faire les honneurs de la ville, et elle en avait examiné les principaux établissements.

Le dimanche je me trouvais prêcher dans la matinée en place de M. Reed et quelques membres de l'ambassade invités par M. Webster étaient présents. Après le service nous fûmes engagés par Mme John G. Webster à diner chez elle avec deux des principaux personnages de l'ambassade. C'était M. Yuri, maire de Yeddo (ville qu'on nomme habituellement Tokio) et M. Irwani, de Yokahama, qui servait d'interprète. La conversation fut animée et elle porta naturellement sur le service auquel ils venaient d'assister. Ils dirent que tout ce qu'ils avaient vu et entendu leur avait beaucoup plu et qu'en particulier ils aimaient beaucoup « notre chant Américain », voulant parler du choix de passages de de l'Écriture qui sont chantés dans notre service.

Évidemment ils avaient aussi bien saisi le sens du sermon. En raison de l'intérêt qu'ils témoignaient, Mme Webster pensa qu'ils pourraient aimer emporter avec eux un souvenir du prédicateur qu'ils venaient d'entendre et elle eut la bonté de leur offrir un exemplaire des « Dix Chapitres sur le Mariage. » Cet ouvrage captiva immédiatement leur attention. A chaque temps d'arrêt dans la conversation, l'interprète le feuilletait et lisait un certain nombre de paragraphes, puis relevait la tête et traduisait en japonais pour le Maire les points qui l'avaient frappé. Ils disaient que jusqu'à une époque très récente il n'était pas permis aux prêtres de se marier ; mais que, six mois avant leur départ, la loi avait été changée, et qu'ils peuvent maintenant se marier, s'ils le veulent. Ils ajoutaient que leur pays entrait dans une voie de grande rénovation et qu'ils étaient heureux de pouvoir connaitre quelques-unes de nos idées Américaines sur le sujet du mariage en général.

Ils nous donnèrent une haute idée de leur intelligence et de leur esprit de recherche et d'assimilation et ils portèrent la discussion sur beaucoup de points d'un grand intérêt. Ils éprouvaient un si vif désir de bien saisir les meilleures idées reçues parmi nous sur les sujets de morale ou de religion, que M. Webster fut à la fin amené à leur donner une collection complète des ouvrages théologiques de Swedenborg et quelques autres ouvrages de la

Nouvelle Église pour emporter avec eux dans leur pays.

Ainsi donc les livres de la Nouvelle Église, en Anglais, ont pénétré par une autre voie dans la « Capitale Occidentale » du Japon, et, comme l'esprit de ce peuple parait merveilleusement préparé sous beaucoup de rapports pour recevoir les idées de la Nouvelle Église, nous sommes fondés à espérer que dans les mains de la divine Providence ces livres de Boston pourront contribuer à la propagation de l'œuvre excellente qu'elle inaugure.

Wm-B. HAYDEN.

(Extrait du *New Church Messenger*, de New-York, n° du 18 mars 1891.)

IV

IL FAUT

QUE L'ÉGLISE DU JAPON SOIT JAPONAISE

———

L'assemblée des Évêques de l'Église Épiscopale avait désigné le Rev. Henry-C. Swentzel pour diriger en qualité d'Évêque-Missionnaire l'Église Épiscopale du Japon. Il n'a pas accepté cette fonction et le motif qu'il a donné de son abstention, c'est que des mesures ont déjà été prises pour établir au Japon une Église nationale indépendante, et qu'un Évêque désigné par une branche occidentale de la même Église serait une source d'embarras. Nous retrouvons les mêmes sentiments exprimés par les organes de l'Église Épiscopale et surtout par le *Churchman* qui déclare que la formation d'une Église indépendante au Japon est la seule chose qui soit dans la vérité et dans l'ordre. Nous citons ces témoignages à l'appui de l'opinion émise par le *New Church Pacific* en parlant de la famille Takimi, opinion que nous partageons pleinement, que, si la Nouvelle Église doit s'établir au Japon, « elle doit prendre une forme appropriée au génie de cette nation plutôt que de rester mal à l'aise dans l'enveloppe trop étroite d'un costume occidental.

Nous croyons néanmoins qu'il serait sage, et même que ce serait notre devoir, si nous avions sous la main une personne bien qualifiée pour cela, de l'envoyer au Japon pour y enseigner comme instituteur les vérités de la Nouvelle Jérusalem. C'est ainsi que se sont accomplies les réformes introduites au Japon dans ces dernières années. Les idées ont été empruntées au dehors. Tantôt le Japon a envoyé des élèves à l'étranger pour y recevoir une éducation occidentale, tantôt il a appelé chez lui des artisans et des professeurs étrangers pour enseigner au peuple leurs arts et leurs sciences. Mais il est dans l'ordre, il est désirable que les missionnaires chargés de porter au Japon les doctrines de la Nouvelle Église ne se présentent avec l'attache d'aucune communauté particulière. Cette interprétation nouvelle de la foi des occidentaux ouvrira aux Japonais des points de vue plus élevés sur les vérités du Christianisme et les laissera libres d'y conformer leur manière de vivre et d'en préparer la propagation dans des formes appropriées à leur génie et à leur histoire. La Nouvelle Église est remarquablement bien qualifiée pour répondre à ce programme. C'est une Église qui n'est pas spécialement attachée à une forme externe particulière, mais qui est disposée à mettre en œuvre tous les moyens extérieurs qui peuvent servir au développement de la vie spirituelle. Ce qui la qualifie encore spécialement, c'est qu'elle ne condamne pas en bloc tous les paganismes du passé, mais qu'elle fait la part de l'élément spirituel qu'ils ont pu contenir, tout en proclamant la supériorité de la révélation qu'elle apporte. De toute façon il faut que l'Église au Japon soit Japonaise, mais cela n'empêche pas les divines vérités de la Nouvelle Église de faire leur entrée au Japon quel que soit le chemin qu'elles prennent.

Est-ce un champ où nous soyons appelés à semer?

(Extrait du *New Church Messenger*, de New-York, n° du 25 mars 1891.)

V

RÉVISION JAPONAISE

DES

DOCTRINES DE L'ÉGLISE PRESBYTÉRIENNE

Dans un rapport officiel émané du ministre des États-Unis au Japon, on expose que l'Église Presbytérienne Japonaise a jugé nécessaire de refondre les doctrines de l'Église Presbytérienne et même d'ajouter quelque chose à la confession de foi apostolique. Le ministre dit que les progrès de l'Église Presbytérienne, comme ceux de la plupart des autres dénominations chrétiennes agissant par leurs missionnaires, ont été tels que l'élément national devenu prépondérant s'est cru autorisé à prendre en mains l'organisation locale et le gouvernement de l'Église et s'est mis à l'œuvre. Le point de départ a été une définition plus précise de la foi.

Depuis quelque temps on observait parmi les congrégations nationales un certain esprit d'impatience et d'opposition énergiques aux enseignements du dehors sur des points de doctrine. Plusieurs personnes y voyaient une résistance patriotique à l'influence étrangère. Au lieu d'y faire opposition les membres missionnaires du Synode, désirant pratiquer la conciliation, ont consenti récemment à une modification des articles de foi. Un comité, composé d'hommes influents et recommandables par leurs idées judicieuses et conservatrices, a été chargé de ce travail.

Il a commencé par proposer de substituer l'art. XXIV de la confession de l'Église Presbytérienne anglaise aux articles des confessions de Dordrecht et d'Heidelberg acceptés jusqu'alors. Mais ce changement n'a pas donné satisfaction au parti progressif Japonais; il a été repoussé et le Synode, dans sa session de Novembre 1890, a préparé et adopté une rédaction qui est l'expression fidèle de la foi japonaise chrétienne.

Une addition a été faite au Symbole des Apôtres en y insérant comme préambule un paragraphe dont voici les termes :

« Le Seigneur Jésus-Christ, que nous adorons
« comme Dieu, le Fils unique de Dieu, pour nous,
« hommes, et pour notre salut a été fait homme
« et a souffert. Il a offert un sacrifice parfait pour
« le péché, et tous ceux qui sont unis avec Lui
« par la foi sont pardonnés et réputés justes; et la
« foi en Lui agissant par l'amour purifie le cœur.

« Le Saint-Esprit, qu'on adore et qu'on glorifie
« avec le Père et le Fils, revèle Jésus-Christ à
« l'âme, et sans sa grâce l'homme étant mort
« dans le péché ne peut entrer dans le royaume
« de Dieu. C'est par Lui que les prophètes, les
« apôtres et les saints hommes d'autrefois ont été
« inspirés et c'est Lui qui, parlant dans les Écri-
« tures de l'Ancien et du Nouveau Testament, est
« le Juge suprême et infaillible dans ce qui appar-
« tient à la foi et à la vie. C'est de ces saintes
« Écritures que l'ancienne Église de Christ a tiré

« sa confession de foi, et nous maintenant, fidèles
« à l'enseignement que les saints ont reçu au
« commencement, nous nous associons à cette
« confession avec louanges et actions de grâces. »

Les membres américains et européens du
Synode, dit le ministre Swift, ont donné leur
assentiment à cette formule nouvelle qui a été
promulguée. Il ajoute que, suivant une opinion
répandue et fréquemment exprimée parmi les
nouveaux convertis du pays,

« L'esprit et le sens du Christianisme, dans sa
« portée la plus large et la plus universelle, n'ont
« jamais été bien compris par les nations occiden-
« tales, et que la foi a besoin d'être transportée au
« Japon pour y recevoir son développement final
« et parfait. »

Il s'attend en conséquence à ce que ce changement soit suivi d'autres changements encore plus
radicaux.

Le *N. Ch. Messenger*, — après avoir signalé ce
qu'il y a de très remarquable dans cette revision
opérée par des païens récemment convertis, —
ajoute :

Puissent nos frères Japonais arriver à savoir que l'interprétation du Christianisme qui leur a été présentée est le résidu des opinions qui avaient cours au moyen-âge sur l'Incarnation, et qu'il existe, pour ceux qui sont prêts à la recevoir, une interprétation du Christianisme nouvelle et divinement vraie.

(Extrait du *New York World*, cité par le *New Church Messenger*, n° du 1er avril 1891.)

VI

LA NOUVELLE ÉGLISE ET LES JAPONAIS

Lettre adressée à l'éditeur du *Messenger*.

———

Je prends beaucoup d'intérêt à ce que le *Messenger* et d'autres journaux religieux racontent en ce moment de l'état du Japon et de ses aspirations religieuses. Ce sentiment, qui s'éveillait déjà chez moi, il y a quarante ans, en parcourant les volumineux ouvrages du Dʳ Sieboldt, résident hollandais à D'Scina, au siècle dernier, s'est encore augmenté par mon intimité avec des membres de l'ambassade japonaise à Washington.

Le jour même de l'arrivée de la première légation du Japon, le ministre M. Arinori Mori, dont la mort a laissé tant de regrets, et M. Toyami, Secrétaire de Légation, accompagnés de M. Williams, un Anglais dont ils avaient fait la connaissance au Japon, sont venus chez moi pour recueillir des renseignements au sujet de la Nouvelle Église et de sa doctrine. Elle excitait un vif intérêt chez M. Mori. Il ne pouvait accorder son respect aux formes de paganisme qui dominent au Japon, et il comprenait que son peuple ne ferait jamais de progrès satisfaisants dans la voie de la civilisation, tant qu'il serait sous l'empire d'une aussi grossière superstition. Mais, tout en admirant les progrès accomplis par les nations occidentales, il constatait que leur religion populaire, dans son dogme d'un Dieu composé de trois personnes distinctes et dans son immolation d'une victime innocente comme satisfaction donnée à une colère implacable, renfermait des idées aussi déraisonnables et aussi injustes que celles dont ses compatriotes avaient à souffrir. Les doctrines de la Nouvelle Église, par leur caractère de rationalité, de bonté et d'utilité pratique, l'attiraient très fortement. Il y voyait une religion bonne pour le Japon. S'il avait été un Mikado des anciens temps, il l'aurait peut-être imposée au Japon, comme fit Constantin pour le Christianisme primitif.

Je suis resté en rapport avec M. Mori pendant tout le temps de mon séjour à Washington. Je lui ai procuré des livres de la Nouvelle Église et j'ai eu des conversations avec lui aussi souvent que mes occupations et les soins réclamés par l'Église me le permettaient. Je n'ai jamais connu quelqu'un plus aimable, plus poli et plus intelligent. Son visage n'avait pas un type mongol bien marqué et il était fort agréable. Toujours à la recherche de renseignements, il saisissait rapidement les idées nouvelles. Il était évident que ce que la Nouvelle Église avait à lui apprendre excitait chez lui un vif intérêt, mais il ne me paraissait pas s'élever au-dessus du degré naturel. Il désirait pour son pays et pour lui une croyance religieuse perfectionnée dont les bienfaits se fissent sentir ici-bas et actuellement, et je ne pouvais surprendre aucune pensée, aucun désir applicables à des états plus élevés de vie spirituelle. Il était très bon et attentif et d'une urbanité charmante : il semblait que ce fût là pour lui toute sa religion. Il est mort martyr, mais non pas martyr de sa foi chrétienne. Il a été assassiné, il y a un an, dans un temple japonais, par un fanatique religieux, parce qu'il avait témoigné son mépris pour les idoles et les cérémonies païennes. En sa qualité de membre du ministère japonais, il avait combattu les superstitions du peuple.

J'étais très lié avec M. Toyami qui est maintenant un des secrétaires du Ministère de la guerre au Japon. Nous habitions la même maison et nous nous rencontrions très souvent. Il était toujours avide de renseignements. Aussi poli que M. Mori, il lui manquait ses qualités attachantes. Il était laid avec les traits fortement caractérisés de la race mongole, et tout en étant complètement agnostique il se faisait gloire du paganisme de son pays. Dans une lettre qu'il écrivait à la New-York *Tribune* il disait en substance que la différence entre ses compatriotes et les Européens c'est que les chrétiens se contentaient de prêcher la morale tandis que les Japonais la pratiquaient, et je crois qu'il en était convaincu. Lorsqu'il partit pour l'Université de Michigan et qu'il me demanda des lettres de recommandation, je lui proposai de mettre qu'il était un

« estimable païen. » Cette idée l'amusa beaucoup et il insista pour que le mot « païen » fût inséré dans ma lettre. Il avait des aptitudes extraordinaires et une infatigable ardeur pour l'étude; mais il me semblait rester toujours dans l'externe. Il avait lu beaucoup d'ouvrages sur la Réformation Protestante et il faisait à ce sujet de nombreuses et intelligentes questions, mais il ne paraissait jamais qu'il allât plus loin que l'écorce. Cette grande manifestation ne le touchait que par ses côtés civils, sociaux et économiques.

J'ai connu plusieurs autres Japonais, mais pas aussi bien, et ils me paraissaient ressembler à Toyami plus qu'à M. Mori. Toute conception d'une vie spirituelle en dehors de l'idée de moralité leur était étrangère. Ils avaient adhéré aux quatre premières propositions de M. Kishimoto telles qu'elles sont rapportées dans le « *Messenger* » du 11 mars et peut-être même à la cinquième, c'est-à-dire à la nécessité « d'une puissance capable de délivrer les hommes de l'esclavage et de la misère du péché, » mais cette phrase n'aurait contenu pour eux aucune idée spirituelle. Leur développement intellectuel, admirable chez quelques-uns, ne semble pas ouvrir pour eux l'accès d'un degré spirituel de pensée et de vie.

Je crois que M. Mori a emporté avec lui une collection des œuvres de Swedenborg pour une bibliothèque au Japon, et une autre fois nous lui avons envoyé quelques livres, M. Crutchet et moi, par une personne que M. Crutchet connaissait.

Je n'ai pas les moyens d'apprécier jusqu'à quel point l'intérêt manifesté par les membres de la famille Takimi a un caractère interne et spirituel, et j'espère que sous ce rapport ils ne ressemblent pas aux autres Japonais, si bien doués d'ailleurs, que j'ai connus. Mais je m'explique facilement qu'ils aient été profondément impressionnés par l'excellence des doctrines de la nouvelle Église dans l'ordre naturel, lors même qu'ils n'auraient rien vu de leur côté spirituel.....

JABEZ FOX.

(Extrait du *New Church Messenger*, de New-York, n° du 8 avril 1891.)

VII

COMMUNICATION DU RÉV. JOHN DOUGHTY

Pendant la soixante et onzième session de la Convention Générale de la Nouvelle Jérusalem aux États-Unis, le Rév. John Doughty a donné quelques détails sur les nouvelles relatives au Japon, publiées dans le *Messenger* d'après le *New Church Pacific*. Il avait reçu beaucoup de questions à ce sujet. Était-ce une histoire vraie ou un roman ? Tout ce qu'il peut dire, c'est qu'avant d'écrire l'article en question, il s'était entouré d'informations qui ne laissaient pas de place au doute. Il croit le jeune Japonais, Takimi, tout à fait sincère et honnête. Il a habité San-Francisco ; il suivait régulièrement le culte et il lisait les ouvrages de Swedenborg. — M. Doughty a rendu compte du mouvement religieux au Japon et il a ajouté quelques détails à ce qui avait déjà été publié, en particulier la mort de Takimi père et celles de M. et Mme Case. Pour lui son sentiment était que ces trois personnes avaient été appelées dans le monde spirituel pour y continuer de cet autre côté l'œuvre que Mme Takimi et ses amis poursuivaient de ce côté-ci. Madame Takimi se propose de parcourir toutes les parties civilisées de l'empire, de donner des conférences partout où elle ira et d'établir des sociétés de lecture, si elle peut en trouver les éléments. Sa fille aînée coutinuera son œuvre à Tokio et un autre directeur a été établi à Nagako. Un trait singulier est que toute l'œuvre au Japon est entre les mains de femmes. Quant à Kai Takimi, on dit que son caractère se distingue par une grande simplicité et l'absence de toute ambition mondaine; mais quoiqu'il n'ait pas encore dix-neuf ans, on croit qu'il en sait plus sur les doctrines de la Nouvelle Église qu'aucun jeune homme de vingt-cinq ans aux États-Unis. Takimi suit en ce moment les cours d'un séminaire à San-

Francisco ; il s'occupe principalement de l'étude du latin, son intention étant de traduire en Japonais les ouvrages de Swedenborg d'après le texte original. Une fois qu'il aura passé ses examens à ce séminaire, il pourra, si les circonstances l'y invitent, aller à Harvard où il aura l'avantage de se trouver dans le voisinage de l'École de Théologie. Il a le sentiment que, quoiqu'il fasse à l'avenir, il vaut mieux pour lui d'agir avec l'approbation de l'Église Générale d'Amérique. Sa mère désire qu'il reçoive une éducation très complète et qu'à son retour au Japon il établisse une école de la Nouvelle Église à Tokio ; elle pense recueillir un plus grand nombre d'adhésions par les enfants que par des gens plus âgés. Elle voudrait que Takimi se chargeât de cette œuvre, ce qui la laisserait libre de se consacrer à son travail de missionnaire.

(Extrait du *New Church Messenger*, de New-York, n° du 3 juin 1891.)

VIII

MORT DE M. Y. TAKIMI

Le *Morning Light* donne l'extrait suivant du numéro de mai du *New Church Pacific* :

Il est difficile de comprendre les voies de la Providence à un point de vue purement humain. Y. Takimi, de Tokio, a quitté cette vie le 2 février dernier. Précédemment et à une date que nous ne pouvons préciser, M. Case et sa femme, dont nous avions parlé à l'occasion de l'introduction de la Nouvelle Église au Japon, étaient morts à un jour de distance l'un de l'autre. Ce que nous pouvons en conclure c'est qu'ils ont été placés par la Providence dans le monde des esprits pour y travailler en connexité avec l'œuvre qui se poursuit maintenant en ce monde au milieu de leur nation. Mme Takimi est partie ou va partir pour faire connaitre les vérités nouvelles dans les principales villes du Japon. Mlle Ina Takimi, qui a dirigé l'œuvre à Nagako, va s'occuper de Tokio pendant l'absence de sa mère. La publication du journal se trouve nécessairement suspendue par par la mort de Y. Takimi, mais elle sera reprise aussitôt qu'on aura trouvé un éditeur compétent.

(Extrait du *Morning Light*, de Londres, n° du 6 juin 1891.)

IX

ENCORE DES NOUVELLES DU JAPON

Lettre adressée à l'éditeur du *Messenger*.

Pensant que les lecteurs du *Messenger* seront bien aise de savoir comment la Nouvelle Église réussit au Japon, je me fais un plaisir de vous envoyer ce qui suit.

Le jeune Japonais, dont on a tant parlé, M. Kay Takimi, habite avec moi et je l'appelle mon fils. Né à Tokio il n'a pas encore vingt ans. Son père et sa mère se sont rattachés à l'Église Méthodiste il y a vingt ans. Ils ont eu neuf enfants, trois filles et six garçons. Le père, qui est mort récemment, avait été, il y a sept ans, Secrétaire d'État pendant quatre ans et ensuite Premier Ministre pendant deux ans. La mère est poète, elle a des goûts littéraires distingués et elle appartient à une très ancienne famille japonaise. Elle n'a qu'un frère vivant. Il a été professeur à l'Université de Tokio, où il a enseigné les langues anciennes, — le Latin, le Grec, l'Hébreu et le Sanscrit. Il a quitté l'Université et il est maintenant dans le nord du Japon où il enseigne à la nouvelle « Société récemment organisée » la sagesse renfermée dans les écrits de la Nouvelle Église dont il est un fervent adepte. Cette Société compte en ce moment quarante-six membres.

Le frère du père de M. Kay Takimi est le Gouverneur du Japon septentrional et il reçoit avec joie les vérités nouvelles. La sœur ainée de M. Kay Takimi les reçoit aussi : elle a trente ans. Celle qui vient après a vingt-cinq ans et est dans les mêmes dispositions. Enfin la dernière sœur non seulement reçoit les vérités nouvelles, mais elle les enseigne et en fait l'objet de lectures publiques dans le Japon oriental et elle a récemment ouvert une École Enfantine où elle se propose de les mettre à la portée des jeunes intelligences.

Son frère aîné, qui a trente-deux ans, a été élevé à l'Université d'Harvard et reçoit les doctrines, comme aussi son frère puîné qui a été élevé à l'Université de Yale et a trente-un ans. Même opinion chez celui qui a été élevé à Paris et qui a trente ans; il enseigne aujourd'hui le droit dans l'École de Droit de Tokio. Même opinion chez le quatrième frère qui a vingt-huit ans et qui a été élevé à Tokio où il préside la haute école, ainsi que chez le cinquième frère, âgé de vingt-quatre ans, qui est un artiste de quelque mérite. Le père avait un jeune frère qui est maintenant ambassadeur en Russie; c'est le seul qui n'ait pas accepté la doctrine céleste. Quant à celui dont la présente lettre s'occupe principalement, il est le plus jeune des six et sa mère l'appelle « sa grande espérance. »

M. Takimi vient de recevoir une très longue lettre de sa mère où elle lui dit qu'il y a maintenant au Japon quatre cent cinquante-deux membres et adhérents aux vérités de la Nouvelle Église et qu'elle excite le plus vif intérêt. Vingt-deux nouveaux membres se sont prononcés récemment.

Mme Takimi a fait des conférences devant un très nombreux auditoire à Kio-To. La première a réuni trois cent vingt-deux personnes, la seconde cinq cent cinquante et à la troisième on comptait mille cinq cent vingt-deux assistants. Elles ont eu lieu à Kio-To alors qu'elle revenait chez elle après une tournée missionnaire de dix semaines dans le nord du Japon. Le sujet d'un de ses discours a été : Qu'est-ce que la vérité? C'est dans le Japon oriental que l'intérêt est le plus vif.

Depuis la mort de son père, le journal que celui-ci publiait avec un tirage de quinze cents à seize cents exemplaires a cessé de paraitre, personne n'ayant pu lui succéder; mais les traductions que chaque steamer emporte au Japon paraissent dans un recueil mensuel appelé *le Magasin d'Éducation* et sont lues par les étudiants du pays. Ce magasin a beaucoup de succès et opère des conversions dans la meilleure société du Japon.

M. Takimi me prie de dire qu'en tant qu'il peut en juger lui-même, les vérités nouvelles sont particulièrement appropriées aux qualités morales et spirituelles de l'esprit japonais, et conviennent mieux que toute autre religion. Il a le ferme espoir que dans un prochain avenir la nation tout entière « dont il est l'humble sujet » sera complètement convertie aux nouvelles et célestes doctrines.

Je lui ai demandé de m'indiquer les différents ouvrages de la Nouvelle Église qu'il avait lus ; en voici la liste :

D'abord la « *Vraie Religion Chrétienne* » qu'il avait trouvée providentiellement sur la table de mon cher ami, M. Alfred Knowles. Ensuite le « *Ciel et l'Enfer ;* » il a lu trois fois le « *Divin Amour et la Divine Sagesse,* » deux fois la « *Divine Providence,* » une fois « *l'Amour conjugal* » et une fois diverses Œuvres de Swedenborg, une fois « *l'Apocalypse Révélée* » (2 volumes) et une fois les « *Quatre doctrines principales.* » Il a lu six volumes des « *Arcanes,* » sans compter nombre d'ouvrages collatéraux et une multitude de traités. Il a traduit en japonais tout le « *Divin Amour et la Divine Sagesse,* » la « *Divine Providence,* » quelques parties de la « *Vraie Religion Chrétienne,* » le petit traité de « *Swedenborg et ses jardiniers* » et quelques portions du « *Ciel et de l'Enfer* » et de « *l'Amour conjugal.* » — Sa mère a l'intention de publier le « *Divin Amour et la Divine Sagesse* » aussitôt qu'elle aura l'argent nécessaire.

Je puis ajouter que mon jeune frère, M. Takimi, a réussi à persuader à des amis à San-Francisco de lire les ouvrages de Swedenborg. Il y a treize étudiants japonais qui les lisent. Il suit tous les jours les cours de *California College.* J'ai vu ses notes aujourd'hui et il a le numéro cent pour toutes ses études. Il y a en tout trois cents étudiants, des deux sexes, et il était le premier de sa classe, ce qui est peu flatteur pour nos jeunes Américains. Il ne pouvait pas parler un mot d'anglais, il y a trois ans. — Le professeur avait donné un problème de géométrie très difficile et au bout de deux jours M. Takimi était le seul qui eût pu le résoudre. Le professeur, qui est un homme très bon et très sérieux, lui demanda d'en expliquer la solution devant les élèves, et quand il l'eut fait, il déclara qu'il s'en était tiré mieux qu'il n'aurait pu le faire lui-même. Il l'appela auprès de lui et lui demanda comment il y était arrivé. Sa réponse fut qu'un ange lui était apparu en rêve et lui avait montré comment il devait s'y prendre. Le professeur dit qu'il avait reçu aussi lui-même un secours du même genre.

Je puis dire encore que le professeur a une fille très bien douée, qui n'a que quinze ans et qui a déjà lu le « *Ciel et l'Enfer* » et la « *Vraie Religion Chrétienne.* »

M. Takimi étudie le latin avec l'intention de traduire directement les ouvrages de l'Église en japonais, parce que la grammaire latine se rapproche beaucoup de ce langage. Il emploie un dictionnaire japonais et anglais et toutes ses notes sont prises en sténographie.

Ce nouveau champ pour la Nouvelle Église excite d'autant plus d'intérêt chez moi qu'il y a vingt-cinq ans j'ai demandé à ma femme si nous ne devions pas faire instruire un de nos fils dans une école Japonaise afin de pouvoir plus tard publier dans cette langue nos doctrines célestes.

J'avais déjà l'idée que l'état moral des Japonais était un terrain bien préparé pour recevoir les semences de vérité de la Nouvelle Église. Il semble que le Seigneur m'ait donné ce jeune homme pour répondre au désir que j'éprouvais.

A.-W. Manning.

(Extrait du *New Church Messenger*, de New-York, n° du 23 septembre 1891.)

X

MORT DE MADAME TAKIMI

On lit dans le *New Church Messenger*, n° du 28 octobre 1891 :

Une lettre que nous venons de recevoir de San-Francisco, porte à son comble l'intérêt que cette histoire de l'introduction des vérités de la Nouvelle Église au Japon, plus émouvante qu'un roman, nous faisait éprouver déjà. Nous espérons recevoir bientôt plus de détails non seulement sur le triste événement qu'on nous annonce, mais sur l'ensemble du mouvement. Voici la lettre :

Notre ami Japonais de la Nouvelle Église, M. Kay Takimi, vient d'apprendre par le dernier paquebot du Japon la mort de sa mère Mᵐᵉ Takimi, cette vaillante femme qui avait tant fait pour la Nouvelle Église au Japon.

Elle est décédée après une indisposition de trois jours pendant lesquels elle s'était sentie plutôt fatiguée que malade. Ce devait être au moment du départ du paquebot, car son fils n'a reçu que quelques lignes, lui demandant de revenir. Il s'est embarqué le 8 octobre avec l'intention de rester absent deux mois, laissant ici des amis nombreux et dévoués qui prennent une vive part à la perte qu'il a faite. Il la supporte quant à lui avec beaucoup de calme, étant entièrement persuadé qu'il doit y chercher une dispensation de la Providence en vue de préparer quelque bien pour Son Église. Dès que j'aurai de ses nouvelles, je vous écrirai.

A.-W. MANNING.

San-Francisco, 13 octobre 1891.

TABLE DES MATIÈRES

PARIS. — IMP. V. GOUPY ET JOURDAN, R. S. IR. RENNES, 71